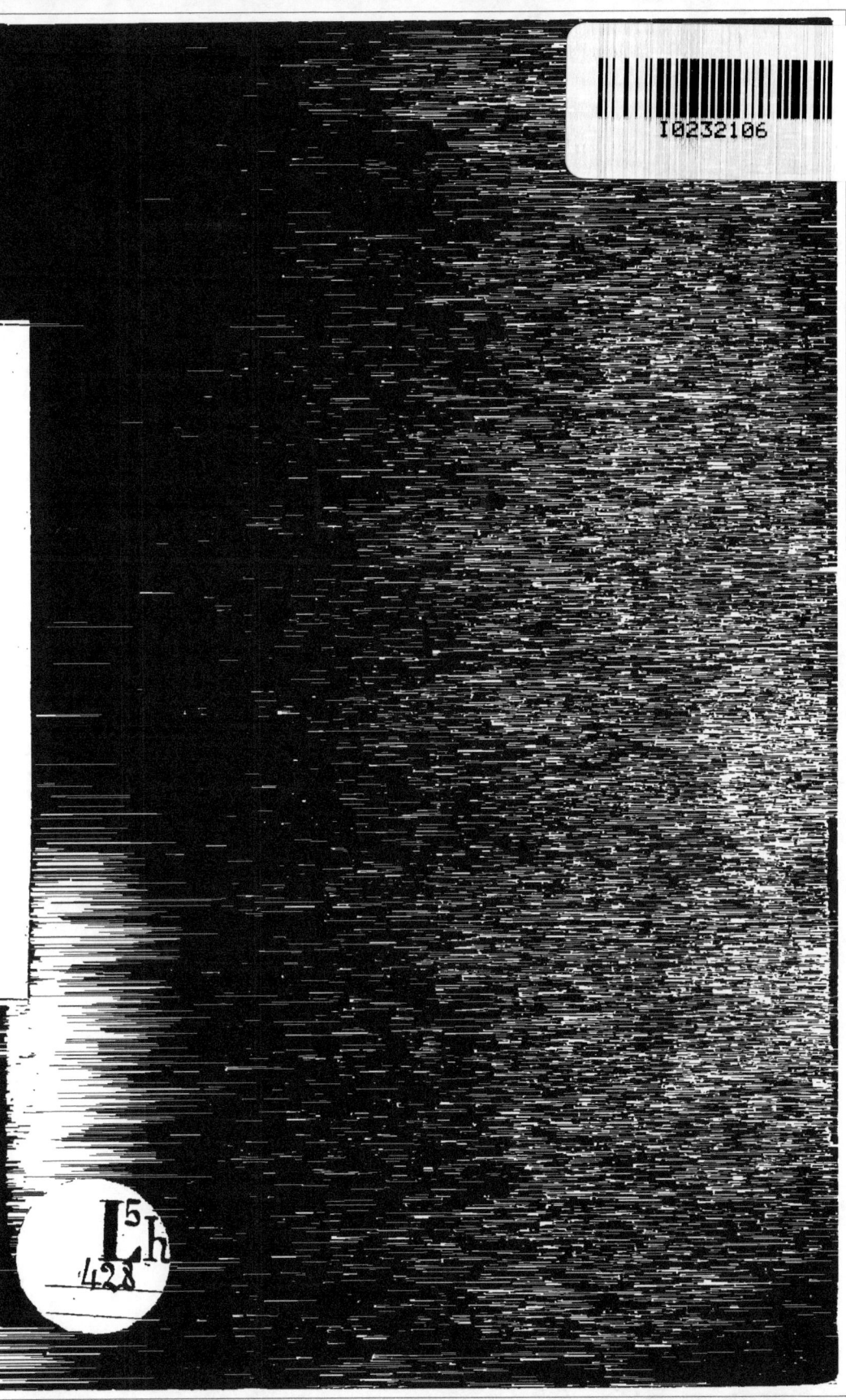

RELATION
DE LA
DÉFENSE DE HAMBOURG
EN 1813 ET 1814,

PAR M. SAVARY,

CHEF DE BATAILLON DU GÉNIE.

Extrait du Spectateur Militaire.

(Cahier de Juillet 1846.)

PARIS,
IMPRIMERIE DE BOURGOGNE ET MARTINET,
RUE JACOB, 30.

1846.

RELATION

DE LA

DÉFENSE DE HAMBOURG

EN 1813 ET 1814,

PAR M. SAVARY,

Chef de bataillon du génie (1).

Le trait distinctif de la défense de Hambourg, c'est d'avoir eu lieu dans une place improvisée, de s'être soutenue pendant les rigueurs d'un long hiver sans autre protection que des fossés non revêtus, et de n'avoir pas cessé d'occuper un périmètre de 8 à 9 lieues.

Lors des négociations relatives à l'armistice, en juin 1813, la possession de cette ville avait été vivement disputée; on ignorait sa destination politique. Depuis les dernières nouvelles qui la représentaient comme au pouvoir de nos ennemis, le général Van-

---

(1) L'auteur de cette relation a pris part, comme capitaine, aux travaux de défense.

damme avait reçu ordre de s'en emparer; sans nul doute il l'avait tenté, mais on ne pouvait savoir si son attaque avait été couronnée de succès. Peu s'en fallut que ce sujet de discussion n'occasionnât la rupture complète de tout arrangement pacifique. La position de Hambourg était, en effet, d'une grande importance: Napoléon, qui ne voulait pas reculer, avait besoin de la ligne de l'Elbe; des forces convenables, établies solidement près de l'embouchure de ce fleuve, maintenaient l'alliance avec le Danemark, rendaient plus difficiles les communications des Russes et des Prussiens avec l'Angleterre, contenaient le Mecklembourg ainsi que les Suédois débarqués à Stralsund, et pouvaient encore, dans le cas de l'offensive, menacer Berlin.

Pour nos ennemis, au contraire, le bas Elbe abandonné leur livrait un vaste passage pour entrer sans difficulté dans le Hanovre, faire irruption sur le flanc gauche et bientôt sur les derrières de l'armée française, à moins qu'elle ne se retirât en toute hâte vers le Rhin.

Dans cet état de choses, les négociateurs de l'armistice convinrent que la puissance maîtresse de Hambourg au jour de la signature des conventions, en conserverait la possession entière.

C'était jouer gros jeu de la part de l'empereur Napoléon: aussi sa satisfaction fut-elle grande quand il apprit que son lieutenant ne lui avait pas fait faute. Son premier soin fut d'étudier lui-même les moyens de mettre sa précieuse conquête en état de servir de pivot aux opérations d'un corps d'armée.

Hambourg avait été autrefois entouré d'une mauvaise enceinte bastionnée avec talus extérieurs en terre et de l'eau dans les fossés; les parapets avaient été renversés pour donner lieu à une belle promenade ; il ne restait donc plus que l'enceinte d'eau pour moyen de défense.

Cette ville avait été, jusqu'à sa réunion à l'empire français, l'une des plus riches du monde ; située à la rencontre de deux fleuves, dont l'un, peuplé de vastes îles, lui procurait un port large et commode ; étendant au plus loin ses relations commerciales, libre et pouvant consacrer ses revenus à son embellissement, elle offrait dans son sein tout ce qui peut flatter l'amour du luxe.

Le long de l'Alster, le plus petit des deux fleuves, se déployait sur la rive droite une série de maisons de campagne soigneusement embellies.

En se rapprochant du bas Elbe par le nord, le terrain qui s'élève tout-à-coup forme sur les bords de ce fleuve de hauts escarpements. C'est à la fois sur ces hauteurs et sur leur pente, du côté de Hambourg, que s'étend la ville danoise d'Altona ; nulle part, sans doute, ne se trouvent deux cités aussi importantes et aussi voisines l'une de l'autre, bien qu'appartenant à des gouvernements différents.

Lorsque, par un décret impérial, la ville de Hambourg fut réunie à l'empire français, sa fortune et ses habitudes éprouvèrent de grandes mutations ; la liberté de ses mouvements lui fut enlevée. Comme elle se trouvait située à l'une des extrémités de l'empire, une double ou triple ligne de douanes la resserrait et la gardait très étroitement ; ses communications, même avec Altona, étaient soumises aux plus sévères restrictions ; tout ce qui passait de l'une à l'autre de ces villes était l'objet du plus minutieux examen.

Cette situation, toute douloureuse qu'elle était,

pouvait dans l'avenir offrir quelques compensations ; l'empereur voulait qu'une route principale mît ce point éloigné de son empire en communication habituelle avec sa capitale : qui peut savoir dans quelle intention il avait voulu rapprocher la Baltique de l'Océan ? Trop vaste conception sans doute, dont la Providence n'a pas permis l'accomplissement ! elle a voulu, au contraire, que, par un concours étonnant de circonstances, cette ville, dont la position n'avait naturellement rien de stratégique, trouvât sa place au premier rang dans les plans de campagne des deux parties belligérantes, et par suite fût exposée à toutes les souffrances et à tous les dégâts qui sont presque nécessairement le résultat de la guerre.

Ce fut le 7 juin 1813, c'est-à-dire deux jours seulement après la conclusion de l'armistice, que l'empereur Napoléon, établissant dans sa pensée les points principaux de sa ligne d'opérations, s'occupa attentivement des moyens de s'assurer la possession du bas Elbe par la reconstruction et l'agrandissement des fortifications de Hambourg. Il résolut d'envoyer sur ce point le général Haxo ; mais, non content de s'en rapporter aux lumières de cet ingénieur si distingué, il voulut le munir des instructions les plus positives, et dicta lui-même un ordre détaillé, dont la précision et la justesse admirable révèlent à chaque trait l'immortel génie de son auteur. Cette pièce a déjà été livrée au public dans le *Manuscrit de* 1813 ; mais n'étant pas accompagnée d'un plan, elle ne pouvait être suffisamment appréciée ; nous sommes heureux, en la reproduisant, de pouvoir la mettre dans tout son jour (1).

(1) Voir le plan ci joint.

Lettre de Napoléon *au prince* d'Eckmuhl, *relativement à Hambourg*.

« Mon cousin, témoignez ma satisfaction au général Vandamme sur l'occupation de Hambourg. Je vous envoie un officier d'ordonnance qui est officier du génie. Il verra en détail Hambourg, les îles, Haarbourg, Lunebourg, Lubeck, si vous y êtes, le fort de Cuxhaven, et viendra me rendre compte de tout ce que vous faites, et de quelle manière se dirigent les travaux. Le major général a dû vous faire connaître mon système : c'est celui que j'ai adopté pour toutes les grandes villes. Une ville comme Hambourg ne pourrait être défendue que par une garnison de 25,000 hommes et un matériel immense ; et pour courir les chances de perdre une garnison de 25,000 hommes et un grand matériel, il faudrait une place qui pût se défendre au moins deux mois de tranchée ouverte. Or, pour donner à l'enceinte de Hambourg une résistance de deux mois de tranchée ouverte, il ne faudrait pas moins de dix ans et 30 à 40 millions. Toutefois, je veux conserver Hambourg, non seulement contre les habitants, contre les troupes de ligne, mais même contre un équipage de siège. Je veux que, si 50,000 hommes se présentent devant Hambourg, la ville soit non seulement à l'abri d'un coup de main, mais puisse se défendre, obliger l'ennemi à ouvrir la tranchée, et soutenir quinze ou vingt jours de tranchée ouverte. Ces résultats, je veux les obtenir cette année avec la seule dépense de 2 à 3 millions, avec un matériel de 100 à 150 bouches à feu, et une simple garnison de 6,000 hommes. Je veux que, dans cette hypothèse, la ville prise après un blocus de quinze ou vingt jours de tranchée ouverte, je ne perde rien, ni en canons, ni en hommes, et que la garnison puisse se réfugier dans une citadelle et se défendre un ou deux mois de tranchée ouverte, selon la capacité et le degré de perfection auquel sera portée cette citadelle. La simple exposition de ce système l'explique ; il faut travailler à l'exécution sans perdre une heure. Vingt-quatre heures après l'arrivée de mon officier d'ordonnance, 10,000 travailleurs doivent être à l'ouvrage. Vous devrez : 1° faire abattre toutes les maisons qui sont sur le rempart, impitoyablement, sauf l'évaluation de l'indemnité qui sera payée par la ville ; 2° vous devrez faire abattre toutes les maisons qui sont sur le glacis ; 3° toutes les maisons qui sont sur la citadelle ; 4° vous devez en même temps faire relever tous les parapets en creusant tous les fossés ; 5° faire faire des ponts-levis à toutes les portes ; 6° faire faire des demi-lunes devant toutes les portes ; 7° mettre de l'eau autant que les fossés pourront en contenir ; 8° faire ce qui est nécessaire pour pratiquer une inondation dans les parties qui en sont susceptibles ; 9° fermer à la gorge tous les bastions les plus importants et les plus grands avec un mur crénelé, les moins importants avec une bonne palissade ; 10° faire travailler à un chemin couvert et à un glacis, faire palissader les chemins couverts ; 11° faire placer sur chaque bastion, au moins 4 pièces de canon, dont 2 d'un calibre de douze ou supérieur, 2 d'un calibre inférieur ; 12° faire placer des mortiers pour pouvoir les tourner contre la ville dans les deux bastions les plus grands, et spécialement dans le bastion et la partie de l'enceinte qui est entre les deux lacs, et qui peut facilement être isolée et considérée comme citadelle ; 13° rétablir les retranchements qui couvrent le grand faubourg, le bien palissader, y établir quelques blockaus ; 14° faire couper toutes les îles par un système de redoutes et de digues; faire même des ponts sur pilotis sur les petits bras; faire deux bacs sur chaque gros bras, comme je l'ai pratiqué à Anvers, l'un pour la marée descendante, et l'autre pour la marée montante, de manière que 100 chevaux et 500 hommes d'infanterie puissent passer à la fois; relever, armer et palissader Haarbourg. Supposez tous ces ouvrages faits, et ils peuvent l'être en peu de mois, il est évident que 4 compagnies d'artillerie et 5,500 hommes d'infanterie seront maitres de Hambourg. Pour compléter le système, tracez une citadelle entre la rivière et la ville, de sorte que la citadelle, les îles et Haarbourg fassent un seul système. Cette citadelle peut d'abord être faite en terre, avec des fossés pleins d'eau, de bonnes palissades, et des blindages en bois pour les magasins d'artillerie, pour les magasins à poudre et la garnison. Vous voyez que, la ville prise après un siège en règle, la garnison se réfugierait dans la citadelle, dans les îles et dans Haarbourg. Tout cela peut se faire dans l'année. Les années prochaines, je ferai revêtir la citadelle en pierre, et lui donnerai toute la force possible. Voilà le système défensif que j'ai adopté pour Hambourg. Je donne l'ordre au général Haxo de l'étudier, de le tracer et de l'exécuter; mais il est bien important que vous profitiez du premier moment pour jeter à bas toutes les maisons qui gêneraient l'emplacement de la citadelle, comme je l'ai dit plus haut. Je sais que le général Haxo avait projeté de placer la citadelle du côté d'Altona. Cela n'est pas possible : cela effraierait les Danois; d'ailleurs, mon intention est que la citadelle soit une tête de pont sur la rive droite, Haarbourg une tête de pont sur la rive gauche, les îles un moyen de communication. Vous savez que je n'ai point vu Hambourg, que l'on doit étudier l'esprit de l'ordre que je donne, et non la lettre, de manière qu'au 15 juillet il n'y ait aucune difficulté à laisser 6,000 hommes isolés à Hambourg, et que leur communication avec la rive gauche soit à l'abri de toute inquiétude.

» Sur ce, je prie Dieu, mon cousin, qu'il vous ait en sa sainte et digne garde.

» Signé : Napoléon. »

Buntzlan, le 7 juin 1813.

Est-il possible de rien voir de plus clair, de plus précis, de mieux détaillé que cette instruction, et n'était-ce pas un bonheur pour le général envoyé en mission d'avoir à traiter une question aussi nettement posée? Ce que l'empereur veut, c'est une double tête de pont dominant Hambourg et pouvant être gardée par 6,000 hommes. Écoutons maintenant le rapport du général Haxo; rien n'est plus instructif pour les ingénieurs que de méditer sur les œuvres de leurs maîtres; rien aussi ne doit paraître plus curieux au public éclairé que de voir un général, commandant le génie de la garde impériale, au lieu d'avoir à répondre seulement : « Sire, vos ordres seront exécutés pour le mieux », s'astreindre aux détails d'un rapport, comme le ferait un modeste officier envoyé en mission par son chef direct. N'est-ce pas un nouvel exemple de tout ce qu'il y avait de prodigieux dans l'organisation de l'empereur, qui, même au milieu des préoccupations si graves qui devaient l'agiter, trouvait encore le temps de suivre jusque dans les moindres applications l'exécution de ses ordres? Voici le texte même du rapport du général.

Rapport à sa Majesté l'Empereur et Roi sur la citadelle à construire à Hambourg, par M. le général HAXO.

Le 27 juin 1813.

La citadelle de Hambourg devant être placée sur le bord de l'Elbe, de manière à en faciliter le passage et à servir de tête de pont sur la rive droite, la situation qui se présente le plus naturellement et qui paraît la plus propre à remplir ces conditions est la prairie de Grasbrock, qui se trouve entre la ville et la rivière. On peut y tracer un pentagone à grandes dimensions dont la capacité paraît devoir suffire pour recevoir les restes de la garnison de Hambourg après le siége et la prise de cette ville.

Cette citadelle, dont la disposition est indiquée sur la papillote n° 1 (1), aura les propriétés suivantes :

1° Elle couvrira parfaitement l'arrivée de la route de Haarbourg, l'établissement des ponts et le passage de la rivière.

2° Par l'occupation du bastion (21) qui sera transformé en redoute et lié à la citadelle par une communication en caponnière, on dominera le port, même après la prise de la ville, et on empêchera qu'aucun bâtiment n'y entre ou n'en sorte.

3° La citadelle, appuyée à la rivière et environnée de tous côtés par les différents bras ou par les canaux de la ville, sera difficile à attaquer et à prendre.

D'autre part, elle aura les défauts suivants :

L'exécution en sera difficile, longue et coûteuse, parce que le terrain du Grasbrock est presque au ni-

(1) Voir les papillotes rapportées à droite du plan, sur une plus grande échelle.

veau des marées communes, et qu'il est généralement couvert de 4 à 6 pieds d'eau dans les crues extraordinaires. Il faudra donc, pour que cette citadelle soit habitable et pour que les munitions de guerre et de bouche soient à l'abri des eaux, en élever le sol même de 6 pieds environ avant d'en former les remparts. Mais comme le voisinage du fleuve ne permettra pas de donner une grande profondeur aux fossés, on manquera de terre pour l'exécution des reliefs, ou il faudra l'amener de loin avec des frais énormes et une perte de temps considérable. Pour suppléer à ce manque de terres, il sera mieux de casemater tous les remparts et de se donner ainsi des logements et des magasins. Mais on sent bien qu'une construction de cette nature ne peut s'entreprendre qu'en pleine paix.

2° La citadelle placée dans l'endroit le plus bas de la ville n'en imposera pas aux quartiers élevés, qui ignoreront pour ainsi dire son existence.

3° L'habitation de la citadelle de Grasbrock sera malsaine et fiévreuse à cause de la grande humidité du local.

4° Les secours que la citadelle ainsi placée recevra de France, fût-ce même une armée, ne pourront pas en sortir ni déboucher sur la rive droite si l'ennemi est maître de la ville, parce que les canaux que l'on aurait à franchir offrent, après la rupture des ponts, un obstacle presque insurmontable.

5° La citadelle à Grasbrock ne pourra donc pas être une tête de pont offensive sur la rive droite de l'Elbe.

Si ces observations paraissent à S. M. de nature à lui faire rejeter la position de Grasbrock pour l'emplacement de la citadelle de Hambourg, il ne se présente plus que le Hamburger-berg qui puisse satisfaire aux conditions requises.

La papillote n° 2 indique le tracé d'une citadelle pentagonale adaptée à cette position. Les grands fossés du corps de place actuel y sont conservés, à cause de leur extrême profondeur, qui va jusqu'à 50 pieds. Ils servent à la défense du côté de la ville, et augmentent d'autant le rayon de l'esplanade. On pourrait, en détruisant un plus grand nombre de maisons et en comblant les grands fossés, rapprocher la citadelle de la ville, et l'éloigner par conséquent de la frontière danoise. Mais le dégât serait immense; la dépense du comblement des fossés serait considérable en diminuant la force de la citadelle de ce côté, et on se priverait des revers qu'elle prend sur les fronts collatéraux.

La nouvelle fortification, abstraction faite des demi-lunes, dont la construction peut être remise à un autre temps, s'avance vers la frontière danoise de 120 toises environ de plus que la pointe de l'ouvrage à corne qui existe, et que l'on rétablit en avant du bastion Albertus (2); on pourrait commencer le travail par les deux fronts qui regardent Altona, et qui passeraient pour un ouvrage à couronne élevé sur le front le plus faible de la place pour en améliorer la défense; et comme déjà le canon de la ville et celui de l'ouvrage à corne existant peuvent facilement battre Altona, 100 toises de plus ou de moins ne changeront rien à la situation.

Au reste, comme ces objets tiennent à la politique, je n'en parlerai pas davantage, et je me bornerai à indiquer les propriétés et les défauts qu'aurait la citadelle située sur le Hamburger-berg.

1° La citadelle occuperait le point le plus élevé de la

ville, et ses chemins couverts seraient presque aussi élevés que les toits des maisons voisines, en sorte qu'il ne serait pas nécessaire d'en détruire une grande quantité.

2° Le séjour en serait parfaitement sain et l'aspect formidable, tant du côté de Hambourg que du côté de la campagne.

3° Le terrain étant très propre aux mines, on en pourrait tirer un grand moyen de défense.

4° On déboucherait sans obstacle dans toute la ville haute et sur la rive droite de l'Alster, et on n'éprouverait pas de grandes difficultés à rentrer dans la ville basse.

5° La citadelle dominerait l'Elbe inférieur et le pont par l'occupation du bastion Johannis (1) rattaché par une bonne communication.

Le seul défaut que je trouve à cet emplacement, c'est de ne pas se trouver, comme la citadelle de Grasbrock, sur la communication naturelle de Haarbourg à Hambourg.

Ce défaut est grand, mais moindre cependant que ceux que l'on peut reprocher à l'emplacement du Grasbrock, et je crois qu'il y a moyen d'y remédier.

Pour établir une bonne communication de pied ferme entre la rive gauche et la rive droite de l'Elbe, il sera nécessaire, en outre de la chaussée qui traversera l'île de Wilhelmsbourg, de construire, par la suite, deux bons ponts de charpente, l'un entre Haarbourg et l'île, l'autre entre l'île et Hambourg. Ce dernier pont, pour ne point interrompre la navigation de Hambourg à la mer, doit nécessairement être établi en amont du port, vis-à-vis Grasbrock ou Sandthor, et il sera nécessaire de le fortifier au moins contre les entreprises du peuple. C'est dans ce but que j'ai tracé le réduit indiqué sur la papillote n° 2, qui remplacera une partie de la citadelle du Grasbrock, et qui aura l'avantage d'être mis en état de défense en un mois ; on pourra conserver les maisons qui se trouvent dans l'intérieur, et les transformer en casernes. Dans le reste du terre-plein, on construira des magasins blindés pour des munitions de guerre et de bouche.

Le réduit de Sandthor ainsi organisé dominera le port et le bas de la ville, servira de tête de pont, et la citadelle de Hamburger-berg, avec laquelle il aura toujours une communication assurée, servira de refuge à sa garnison en cas que l'ennemi oblige à l'évacuer. Après la prise du réduit de Sandthor, la citadelle de Hamburger-berg aura encore une communication directe avec l'île de Wilhelmsbourg, au moyen d'un embranchement de la chaussée principale et de bateaux et bacs qui seront conservés à cet effet dans un port particulier, au pied de la courtine qui lie le bastion Joannis au bastion Albertus.

Cette disposition n'aura d'autre inconvénient que le manque d'unité, qui peut faire craindre que le rôle de la citadelle, distribué ainsi entre deux points et deux chefs, ne soit pas aussi bien rempli qu'il le serait par un seul.

En résumé, la position de Grasbrock me paraîtrait, malgré ses défauts, devoir être préférée pour l'emplacement de la citadelle de Hambourg, si elle n'avait pas celui de manquer de débouché. Cette considération m'a conduit à la placer sur le Hamburger-berg, et l'éloignement de ce point à la communication habituelle de Haarbourg à Hambourg me ramène à occuper Sandthor par un réduit accessoire. Je n'e me dissimule pas les défauts de cette disposition ; mais il ne me paraît pas que la localité et les conditions imposées permettent de faire mieux.

Au reste, quelque choix que Sa Majesté fasse entre les deux projets que je lui présente, comme il est impossible qu'aucune des deux citadelles soit en état de défense cette année, je pense qu'il convient de fermer sur-le-champ le réduit de Sandthor, qui pourra toujours se relier à l'un ou à l'autre système. Il servira de tête de pont et provisoirement de citadelle, et suffira contre les habitants. Quant à l'ennemi extérieur, il faut admettre qu'on ne peut pas avoir cette année une citadelle capable de lui résister, s'il est assez puissant pour s'emparer de la ville, dont les fortifications sont infiniment supérieures à tout ce que les circonstances nous permettraient de faire.

Outre le réduit de Sandthor, on retrancherait à la gorge les bastions David (11) et Vincent (12), situés sur les lacs de l'Alster, ainsi que les bastions Albertus (2) et Casparus (3) du Hamburger-berg, de manière que la garnison aurait trois points de sûreté, où des vivres et des munitions seraient à l'abri des tentatives des habitants, et d'où on pourrait tirer sur la ville en cas de nécessité.

S. E. M. le maréchal prince d'Eckmühl aurait désiré que l'arsenal et les bastions attenants fussent également retranchés ; mais la localité ne s'y prête pas, et le bâtiment de l'arsenal lui-même est d'une construction trop faible pour offrir aucun moyen de défense. On pourra y mettre quelques palissades, mais ce sera toujours un poste très médiocre.

Quant aux autres bastions, il est impossible de penser à les défendre contre la ville en les isolant les uns des autres; il faudrait pour cela que chacun d'eux fût muni des approvisionnements que demande un fort particulier, et la garnison, disséminée dans chacun de ces ouvrages, serait faible partout et prise en détail. On pourrait planter une palissade le long des courtines et des gorges des bastions pour empêcher le peuple d'y monter, et former ainsi une communication entre les différents *réduits*; mais on y serait plongé des maisons voisines, et ce serait un ouvrage bien considérable pour un mince objet. Il vaudra mieux, je crois, n'armer, ou du moins n'approvisionner que les bastions dont on sera assuré de demeurer maître, afin de ne pas laisser à la disposition du peuple révolté une artillerie dont il tirerait grand parti contre les réduits de la garnison.

Le général de division commandant le génie de la garde impériale.

Signé : Baron Haxo.

Hambourg, le 27 juin 1813.

On ne peut s'empêcher d'éprouver quelque peine en voyant que le projet que l'empereur avait conçu, ne connaissant pas Hambourg à la vérité, ne fût pas susceptible de pouvoir être exécuté pour l'époque qu'il avait fixée ; les conséquences en devinrent funestes : au lieu de ne laisser que six mille hommes dans Hambourg, il y resta, pour conserver la position, un beau corps d'armée, ou plutôt une petite armée ; car, ayant agi isolément, elle était pourvue en de justes proportions de tout ce qui devait concourir à sa composition complète.

Certes il ne nous appartient pas, à nous modeste ingénieur, de porter un jugement sur la question qu'il s'agissait de résoudre : aussi garderons-nous sur ce point le silence en nous bornant à rapporter les faits.

Si le but principal des intentions de l'empereur ne put être atteint, au moins l'exécution des ordres laissés par le général Haxo fut suivie avec une incroyable activité. L'empereur était tranquille sur ce point ; il savait avoir là un homme dont l'esprit étendu et le caractère positif lui garantissaient l'emploi juste et convenable de toutes les ressources disponibles : c'était le colonel Deponthon, précédemment attaché à l'empereur comme officier d'ordonnance, puis comme secrétaire du cabinet. Aussi les populations furent-elles immédiatement appelées à l'œuvre : femmes, enfants, vieillards, tous sont requis, tous travaillent chacun selon ses forces et ses facultés. Creuser les fossés, relever les parapets, construire des ouvrages nouveaux, assurer les communications, tout se conduisait à la fois sous l'œil pénétrant du chef. Mais écoutons-le lui-même rendre compte de ces travaux ; de tels documents sont utiles à consulter pour les ingénieurs, afin qu'ils apprennent, à bonne école, à donner de l'extension à leurs vues, à ne pas se laisser préoccuper par les détails, et à dominer toujours l'ensemble, quel qu'il soit.

Enceinte. — L'enceinte se composait de vingt et un bastions ; sans essayer d'en corriger le mauvais tracé, on a travaillé de suite à rétablir les parapets et les banquettes sur tout leur développement. Il a fallu refaire complétement certaines parties qui avaient été entièrement détruites.

Fausse-braie. — La fausse-braie, trop basse, a été relevée, les parapets et les banquettes rétablis sur plusieurs points.

Ponts, ponts-levis, portes. — Il a fallu refaire à neuf tous les principaux ponts et ponts-levis, et réparer ou reconstruire leurs culées ; on a refait tous les passages des demi-lunes en soutenant les terres des deux côtés par des profils en charpente ; toutes les fermetures de l'enceinte et des dehors ont été rétablies.

Palissadement. — Tous les fronts, depuis l'Elbe jusques et y compris ceux de l'Alster, ont été palissadés au pied du talus de l'Escarpe. De même ceux de l'Elbe et du Grasbrock.

Réduits formant citadelle contre la ville. — N'ayant pu établir une citadelle, il a fallu chercher à y suppléer par des réduits : pour y parvenir, on a isolé par des coupures les trois bastions 10, 11 et 12, situés entre les deux bassins de l'Alster ; sur le terre-plein de ces bastions, un parapet a été élevé contre la ville ; tout ce développement d'ouvrages a été palissadé, ainsi que les coupures ; les entrées du réduit ont été fermées par des ponts à madriers mobiles et par des portes crénelées ; tous les établissements militaires nécessaires en logements, magasins à poudre blindés, magasins aux vivres, manutention, etc., ont été construits dans l'intérieur de ce premier réduit. Les bastions 2 et 3 ont été choisis pour faire un second réduit destiné à maintenir les quartiers élevés de la ville ; ils ont été isolés du reste de l'enceinte par un petit front, et on a couronné l'escarpement du côté de la ville par un retranchement bastionné ; tout le développement du réduit a été fortement palissadé, et dans l'intérieur, on a fait, comme au premier réduit, les logements et magasins nécessaires pour la garnison.

Ouvrages extérieurs. Demi-lunes. — Les anciens ouvrages extérieurs de Hambourg ayant été complétement rasés et détruits, il fallait au moins rétablir des demi-lunes devant les principaux passages ; on en a placé une également devant le front 6-7, point d'attaque ; tous ces ouvrages ont été palissadés.

Ouvrages à cornes du Hornwerck. — Le véritable point d'attaque étant le front d'Altona, il fallut rétablir l'ancien ouvrage du Hornwerck (22) ; on l'a relevé sur son ancien tracé, et palissadé sur tout son pourtour.

Au pied de cet ouvrage à cornes, un autre petit ouvrage fut établi pour défendre la partie basse du terrain comprise entre l'Elbe et l'escarpement du Hamburger-berg.

Chemins couverts. — Tous les fronts compris entre le bas Elbe et l'Alster ont été enveloppés d'un chemin couvert avec glacis, places d'armes et traverses ; sur les courtines où il n'a pu être construit de demi-lunes, on a établi de grandes places d'armes rentrantes ; tout ce développement a été palissadé ; on a posé partout des barrières de sortie et de communication, de manière que les places d'armes se trouvaient bien fermées et isolées du reste du chemin couvert. Les glacis ont été achevés sur les fronts vis-à-vis Saint-Georges ; la demi-lune du Steinthor a seule été enveloppée d'un chemin couvert.

Ouvrages avancés sur les fronts entre l'Elbe et l'Alster. — Les fronts d'attaque étant compris entre le bas Elbe et l'Alster, il fallait, pour retarder l'ennemi dans sa marche, avoir sur ce point des ouvrages avancés : un ancien fort appelé Sternschantz avait été totalement détruit; il a été relevé; on y a construit des logements pour huit cents hommes, et deux blockhaus pouvant contenir le tiers de cette garnison; deux lunettes ont été élevées entre cet ouvrage et l'Elbe. Deux autres lunettes ont également été construites entre le nouveau fort et l'Alster. Ces différents ouvrages formaient de ce côté une première ligne bien soutenue et bien flanquée, et que l'ennemi devait nécessairement enlever avant d'attaquer le corps de place. Les ouvrages de Saint-Georges et ses lignes servaient naturellement d'ouvrages avancés à la partie du corps de place située de ce côté. Les fronts de l'Elbe et du Grasbrock n'en avaient pas besoin.

Ile de Schrefenhoff. — La petite île de Schrefenhoff, située au-delà du grand bras de l'Elbe, vis-à-vis Hambourg, fut occupée par un fort.

Toutes les lunettes communiquaient avec le corps de place par de doubles caponnières.

Ouvrages du faubourg Saint-Georges. — Il était nécessaire de rétablir l'ancienne enceinte du faubourg Saint-Georges, et de lui donner un degré de force presque équivalent à celui du corps de place. Cette ancienne enceinte, mauvaise ligne à tenaille, avait été entièrement rasée; on l'a remplacée par une ligne bastionnée présentant un développement de cinq fronts. Sur les deux sorties, des demi-lunes ont été construites, ainsi que des ponts dormants et ponts-levis, avec portes aux demi-lunes et au corps de place; un cavalier a été élevé dans l'un des bastions; les chemins couverts, demi-lunes, etc., ont été fortement palissadés.

La plaine de Hammerbrock pouvait être inondée au moyen de diverses coupures ; la digue par laquelle seule on pouvait approcher de ce côté a été défendue.

La plaine de Grasbrock est un bas-fond, submergé naturellement par toutes les fortes marées ; il n'y avait donc rien à craindre sur ce point.

Ligne à redans de l'inondation. — L'ancienne ligne à redans qui devait couvrir l'inondation du Hammerbrock avait été entièrement détruite ; il fallut la rétablir pour protéger tout cet espace, surtout pendant l'hiver ; divers ouvrages furent en outre construits pour défendre les têtes de digue et les écluses d'inondation.

Ouvrages avancés de Saint-Georges. — Un rideau parallèle au front de Saint-Georges, et permettant d'approcher assez près sans être vu, fut occupé par quatre lunettes pouvant recevoir du canon, fermées à la gorge, palissadées, et communiquant avec l'enceinte.

Ligne avancée de Hamm. — Enfin une ligne encore plus avancée parut pouvoir être établie avec avantage, en profitant d'une ancienne digue à peu près parallèle aux ouvrages de Saint-Georges, précédée par un fossé profond et marécageux ; on couvrit les sorties par des ouvrages qui la flanquaient dans toute son étendue, et on palissada les points les plus susceptibles d'attaque ; tout le reste fut protégé par de forts abattis.

Haarbourg. Fort et camp retranché. — La possession de Hambourg devant former tête de pont sur les deux rives, celle de Haarbourg, située sur la rive gauche, faisait nécessairement partie de l'ensemble du système de défense, d'autant plus qu'en couvrant la communication par l'île de Wilhelmsbourg, elle était le seul moyen possible de retraite ou même de communication avec les secours venant de France : aussi tous les travaux nécessaires pour le rétablissement de ce fort furent-ils entrepris en même temps que ceux de Hambourg, et poussés avec la même activité. Le corps de place fut relevé et mis en bon état; le chemin couvert fut fait et palissadé, et une demi-lune établie; tous les passages, ponts, poternes, portes, furent rapidement exécutés. Des ouvrages furent élevés pour couvrir les écluses qui servent aux inondations.

Le fort, ainsi mis en bon état de résistance, était de toutes parts dominé, à 1,000 mètres, par des hauteurs d'où l'ennemi l'aurait foudroyé ; il fallait donc nécessairement occuper toutes ces hauteurs par un bon camp retranché, qui d'ailleurs pouvait seul assurer nos communications avec le dehors et même la sortie de l'armée, si cette circonstance venait à se présenter. A cet effet, on construisit deux ouvrages, liés entre eux par des portions de lignes, fraisés et palissadés, entourés de forts abattis et de trous de loup.

Plusieurs blockhaus furent répartis dans ces différents ouvrages; on y construisit des baraques pour le logement des troupes. De profondes coupures avaient été faites sur les principales routes arrivant à Haarbourg; si bien que toute cette partie pouvait être considérée comme offrant un bon ensemble de défense, bien lié dans ses diverses parties.

Ile de Wilhelmsbourg. — L'île de Wilhelmsbourg, comprise entre les deux bras de l'Elbe, devait nécessairement être occupée pour assurer la communication entre Hambourg et Haarbourg : en conséquence, on choisit les positions les plus favorables pour y élever des redoutes; quelques batteries furent également construites sur les digues.

Établissements militaires. — La place était complétement dépourvue de bâtiments militaires : il fallut y pourvoir immédiatement ; à cet effet, on s'empara, pour en faire des casernes, des bâtiments le plus convenablement situés, et on blinda d'anciens souterrains ; on fit des magasins à poudre également blindés, des magasins aux vivres, des hôpitaux pour dix mille malades, et des corps-de-garde.

Tels sont les grands travaux qui furent entrepris en juin 1813, et qui se trouvaient très avancés au mois de décembre même année, époque de la rentrée du corps d'armée qui jusque là avait toujours tenu la campagne. Tous ces travaux continuèrent autant que possible, sans interruption, jusqu'au dernier moment de la défense, époque à laquelle ils se trouvèrent complétement achevés.

Ajoutons au détail des travaux exécutés par le génie militaire, qu'un habile ingénieur des ponts et chaussées fut chargé de construire le pont qui devait établir une communication constante avec la place de Haarbourg, située sur la rive gauche du fleuve. Ce pont devait traverser seulement les petits bras du fleuve et le terrain bas et marécageux, qui aurait pu devenir impraticable par la moindre coupure faite aux digues. Quant aux deux grands bras de l'Elbe, on devait, selon les instructions de l'Empereur, les passer dans de très grands bacs. Les bois étaient abondants aux chantiers de construction de la ville : aussi, dans moins de deux mois, le pont, complétement achevé sur une longueur de 8000^m,00, offrit à notre admiration (ce n'est pas trop dire) une voie élevée, large, sûre, assez solidement établie pour pouvoir résister aux plus lourds fardeaux et aux plus durs mouvements de l'artillerie.

Le même ingénieur construisit dans le cours de la rivière, en amont du port, un fort en bois, ayant pour objet d'assurer la police des eaux et d'interdire le passage à tout bâtiment ennemi.

Pour tous ces travaux, la grande difficulté était de se procurer des ouvriers; on n'avait d'autre ressource que la réquisition forcée des habitants, dont la mauvaise volonté était aussi marquée que possible. Le 13ᵉ corps n'avait pas le temps de déposer les armes pour mettre la main à l'œuvre; l'heure de l'expiration de l'armistice avait sonné; le prince d'Eckmühl reçut bientôt l'ordre de se porter en avant pour seconder les corps d'opération active que, de sa position centrale de Dresde, Napoléon avait lancés sur Berlin.

La campagne fut courte; les désastres se multiplièrent dans le camp impérial; la retraite de l'armée dut être générale, le 13ᵉ corps se vit forcé de rentrer dans Hambourg.

Le prince qui le commandait avait un principe de guerre trop souvent négligé dans nos campagnes rapides : c'était, autant que possible, de bien nourrir le soldat; aussi, dès que fut prévue la nécessité de la retraite, on vit de tous côtés une véritable razia. Jusqu'à vingt ou trente lieues aux environs, tout ce qui pouvait servir aux approvisionnements de la place fut enlevé; des files de convois se dirigeaient sans cesse vers la ville. Certes, sans cette précaution, Hambourg n'aurait pu acquérir l'honneur d'une résistance prolongée; à juger par les pertes énormes que nous ont occasionnées les maladies, quels désastres plus grands n'aurions-nous pas eu à déplorer, si le soldat, au lieu d'être soutenu par une bonne nourriture suffisamment substantielle, avait été réduit à une faible portion de sa ration ordinaire !

A son arrivée dans la place, le général en chef du 13e corps trouva tout préparé pour la meilleure défense possible : le colonel Deponthon avait accompli la première partie de sa tâche. Le prince se décida aussitôt pour une défense éloignée ; il le fallait d'ailleurs : la volonté manifestée par l'Empereur avait été de conserver Hambourg, afin que la position fît tête de pont sur les deux rives.

Au moment de sa rentrée dans Hambourg, le 13e corps formait, comme nous l'avons déjà dit, une petite armée, pourvue dans de justes proportions de tout ce qui pouvait lui être nécessaire : l'artillerie était nombreuse et bien approvisionnée ; les états-majors de toutes armes, et particulièrement celui du génie, étaient au complet. Toutes les troupes étaient formées, aguerries ; les plus jeunes soldats ne se faisaient remarquer que par plus d'audace dans le danger. Et ces troupes, au nombre de près de 40,000 hommes, commandées par l'un des meilleurs et des plus fidèles lieutenants de l'Empereur, allaient s'enfouir derrière de la terre remuée, pour y recueillir la stérile gloire de défendre, au prix de grandes pertes et de fatigues extrêmes, ce qui semblait ne pouvoir pas être défendu !

Par quelle fatalité cette belle fraction de l'armée n'est-elle pas allée immédiatement rejoindre celles qui avaient l'honneur de combattre sous les yeux de l'Empereur lui-même ? Quel poids n'aurait-elle pas jeté dans la balance, si plus tard elle avait débouché, prenant en queue les troupes confédérées, quand l'Empereur disait de ses ennemis : « Ils sont moins près de Paris que moi de Berlin ! »

Il semble évident aujourd'hui que tel était le parti le plus avantageux à suivre, d'autant qu'à la garnison de Hambourg pouvait se joindre celle de Magdebourg, d'où serait résultée une armée capable certainement de tout culbuter devant elle. Il y avait d'autant plus de raison pour prendre cette détermination, que les projets de l'Empereur sur l'Elbe étaient évidemment avortés; une fois l'armée française en retraite, les places de Hambourg et de Magdebourg, trop éloignées l'une de l'autre, ne pouvaient nullement gêner l'ennemi dans le passage de cette rivière; l'Empereur l'avait si bien senti d'avance, qu'au moment où il avait envoyé à Hambourg le général Haxo, comme nous l'avons dit, il avait prescrit à ce général de faire exécuter une place intermédiaire vis-à-vis un confluent au grand coude que forme le fleuve. Cette place ne pouvait être faite qu'en terre, avec de l'eau dans les fossés; bien que toutes les ressources du pays fussent mises à la disposition des constructeurs, elle ne put être suffisamment avancée pour qu'on l'occupât à la fin de l'armistice. Il était donc évident que Hambourg et Magdebourg, privés de cet intermédiaire, manquaient tout leur effet, soit que l'ennemi se portât vers la France, soit, au contraire, qu'il eût recours à une retraite précipitée. La ligne de l'Elbe dans cette partie ne pouvait tout au plus servir qu'à soutenir celles de l'Oder et de la Vistule; mais une fois la guerre portée sur les frontières de la France, n'était-il pas certain qu'elle y devait durer, même en supposant que notre pays, réduit au plus fatal état d'épuisement, eût encore pour lui toutes les chances de la victoire? Pouvait-on espérer que des places situées à d'aussi grandes distances que Dantzick, Thorn, Stettin, Glogaw, investies rapidement, sans doute mal approvisionnées, fussent capables de tenir jusqu'à un retour complet de la fortune? Non, certes; il est donc éminemment rationnel, à ce qu'il nous semble, de dire que la ligne inférieure de l'Elbe devait être abandonnée. Un seul motif s'y opposa sans doute : ce fut la crainte qu'imposait, je ne dis pas l'Empereur, mais le génie de l'Empereur. Accoutumé à ne point faire part à ses généraux de ses grandes combinaisons militaires, qui pouvait savoir quels plans de campagne étranges, imprévus, dignes de l'ancien vainqueur de l'Italie, il avait pu asseoir sur la possession d'une seule place, de Hambourg peut-être? Quel n'eût pas été le regret d'un général qui, se fiant à ses propres lumières pour pénétrer la vaste pensée impériale, en aurait compromis et peut-être fait manquer le succès? N'est-ce pas le même motif auquel nous avons dû les malheureux événements de Waterloo? Qu'y faire? Ce grand capitaine n'avait jamais failli dans ses combinaisons; partout où il avait commandé, la victoire lui avait été fidèle : quel téméraire eût osé vouloir faire mieux que lui?

Par suite de la malheureuse résolution qui fut prise, la place de Hambourg ne tarda pas à se trouver étroitement bloquée par le corps d'armée russe de Benigsen; toute communication au-dehors fut d'autant plus efficacement interdite que les dispositions du pays nous étaient unanimement hostiles, et que cette mauvaise volonté formait autour de nous comme un épais cordon impossible à franchir.

Dès lors commença l'espèce de captivité qui pendant huit mois devait nous tenir privés de toutes communications avec notre pays : tous les événements si graves dont nous avons été les contemporains, la retraite de l'Empereur en-deçà du Rhin, sa lutte immortelle sur le sol de la France, toutes ces saisissantes alternatives de succès et de revers, nous les avons complétement ignorées. L'ennemi ne manquait pas cependant de jeter souvent des journaux à nos avant-postes ; mais le maréchal avait grand soin de se les faire remettre, et de les garder pour lui seul ; quant aux bruits fâcheux qui, malgré ces précautions, venaient à transpirer, il ne lui était pas difficile de nous les représenter comme forgés à dessein par l'ennemi, tant nous avions foi dans l'infaillibilité de Napoléon, tant il nous semblait impossible qu'il se présentât des événements capables de renverser de son trône ce héros couronné !

Nous serons bref autant que possible dans le récit des circonstances mêmes de la défense ; ce ne fut point un siége en règle, mais un blocus entremêlé de combats continuels. N'a-t-on pas déjà d'ailleurs des récits de ce qui s'est passé à la même époque dans d'autres places également entourées par l'ennemi ? Partout les mêmes causes et partout les rigueurs d'un long hiver ont amené des effets semblables ; partout les fatigues et les privations ont causé des maladies cruelles qui ont moissonné la moitié des garnisons.

Nous puiserons spécialement dans le rapport de M. le colonel, depuis lieutenant-général et baron Deponthon, les détails qui peuvent faire comprendre le rôle joué par les travaux déjà créés et par ceux qui furent, comme nous l'avons dit, constamment en exécution pendant tout le cours de la défense, tant que la saison ne leur opposa pas un obstacle insurmontable.

Dans les premiers jours de décembre, le 13ᵉ corps d'armée, forcé, par suite des désastres de Leipzig, à se retirer sur le bas Elbe, prit, en avant de Hambourg et de Haarbourg, des positions très avancées, et cependant se trouva définitivement en état de blocus assez complet pour qu'il ne fût plus possible de rien tirer du dehors. Heureusement, comme nous l'avons dit, on avait fait rentrer des approvisionnements considérables; les îles offraient, de plus, beaucoup de ressources. La place était en mesure de défense; les travaux avaient été poussés avec la plus grande activité sur tous les points; plus de trois cents pièces de canon bien approvisionnées étaient en batterie, tant sur le corps de place que sur les ouvrages extérieurs.

L'armée du blocus se composait de troupes russes, prussiennes, légion hanovrienne, etc.; on n'a jamais eu de renseignements bien positifs sur sa force; on l'a évaluée à 60,000 hommes; dans la suite elle a beaucoup varié. Le 13ᵉ corps, comprenant la garnison, formait un effectif d'environ 36,000 hommes, sur lesquels il y avait déjà un grand nombre de malades. Le prince d'Eckmühl commandait en chef.

Malgré l'avancement de la saison, on travaillait à parachever les ouvrages sur tous les points, en complétant le palissadement, formant des abattis, préparant les batteries. M. le maréchal jugea convenable d'éclairer la place jusqu'à deux mille mètres de distance des chemins couverts; dans ce rayon, tous les arbres furent abattus, toutes les constructions incendiées : c'est alors que disparurent ces belles maisons de campagne qui jusque là avaient embelli les bords de l'Alster. On incendia aussi complétement le faubourg du Hamburger-berg, qui pouvait masquer les mouvements de l'ennemi. Ces mesures rigoureuses étaient indispensables pour la défense; à la guerre, la première loi, c'est de résister quand on ne peut vaincre.

Cette grande ville de Hambourg était devenue bien différente d'elle-même, si l'on compare à ce cruel moment ses époques de splendeur. Au moins la moitié de ses habitants s'était enfuie, le reste se renfermait hermétiquement dans chaque maison, avec l'espoir de dérober aux regards pénétrants de leur ennemi quelques misérables provisions; toute affaire, toute relation sociale était complètement interrompue; leurs richesses matérielles se détruisaient chaque jour; les chantiers énormes de bois de construction disparaissaient pour être employés aux travaux de défense. D'aussi grands maux n'étaient encore pour eux qu'un fatal prélude que la suite ne devait pas démentir.

Les vedettes se rapprochèrent sur tous les points; on s'observa pendant quelques jours; enfin le 4 janvier, une heure avant la nuit, l'ennemi attaqua nos avant-postes sur toute la ligne, depuis l'Elbe jusqu'à l'Alster: le feu fut assez vif, des charges de cavalerie furent repoussées; nous conservâmes nos positions.

Le 5, on poussa une reconnaissance sur la digue de l'Ochsenwarder; l'ennemi, bien que retranché, fut débusqué. Les jours suivants, le froid devint très rigoureux; dès lors notre principal élément de défense nous échappait; les eaux ne formaient plus barrière autour de nous. Il ne restait plus qu'un moyen, qui fut employé sans cesse pendant tout l'hiver: c'était de casser tout autour de nous une zone de glace, afin d'avoir au moins une espèce de cunette pour arrêter les surprises ou les attaques de vive force. Cette opération eut lieu non seulement dans les fossés des corps de place, mais encore dans ceux de Saint-Georges et des lignes avancées; plus tard, sur l'Elbe même, on entretenait un canal de 25 à 30 pieds de largeur. Ce travail était immense, car il comprenait un développement de quatre lieues. Pendant la nuit, on faisait circuler des bateaux dans les fossés, afin d'empêcher les glaces cassées pendant le jour de se rapprocher ou de reprendre une grande épaisseur.

Le 13 au matin, nos avant-postes furent encore attaqués sur toute la ligne, entre le bas Elbe et l'Alster; ils se soutinrent parfaitement, et l'ennemi fut repoussé. Cependant, comme il paraissait vouloir renouveler ses attaques, et comme notre droite, au village d'Eppendorf, près de l'Alster, se trouvait un peu en l'air depuis que ce fleuve était gelé, on crut devoir abandonner ce village pour prendre position en arrière.

Le froid augmenta jusqu'à 16 degrés, l'Elbe se prit, et on pouvait facilement le passer sur tous les points : cette circonstance obligea la garnison à d'immenses fatigues; car alors, sur un aussi vaste pourtour, tout devenait point d'attaque, il fallait se garder partout.

Le canal qu'on entretenait ouvert sur tout le développement des fossés et sur l'Elbe était sans doute un bon moyen de défense; mais il ne pouvait rassurer qu'autant qu'on apporterait sur tous les points la plus grande surveillance.

Il devenait indispensable de replier nos postes les plus avancés : aussi de toutes parts on rentra dans les lignes fortifiées; on se retira de beaucoup, particulièrement du côté de l'inondation, laquelle n'était plus un moyen de défense.

Il se présentait à l'ennemi trois moyens de nous réduire, à savoir : exténuer la garnison par des attaques continuelles sur tous les points, se ménageant ainsi les moyens d'effectuer une surprise; enlever la place de Haarbourg, et, nous coupant ainsi toute retraite, rapprocher les attaques de la partie la plus faible du corps de place, celle où, pour ainsi dire, l'enceinte existait à peine, le long de l'Elbe.

Enfin l'ennemi pouvait, en se jetant avec de grandes forces dans l'île de Wilhelmsbourg, s'en emparer, s'y établir, couper ainsi toute communication entre les deux places, et se procurer les mêmes avantages d'attaque que dans la seconde hypothèse.

Ces trois moyens furent successivement employés par l'ennemi.

Le 20 janvier, il attaqua le camp retranché de Haarbourg avec environ 3,000 hommes d'infanterie et une assez forte artillerie; après deux heures d'un feu très vif, une colonne s'avança sur la gauche du camp, le long de la Seeve, et pénétra jusque dans les premières maisons de la ville; mais bientôt elle fut repoussée avec vigueur; sa perte fut d'environ 400 hommes. Déjà nos forces diminuaient sensiblement par l'effet des maladies que développaient dans la garnison des fatigues aussi considérables que celles qu'elle éprouvait; il fallut nécessairement songer à se restreindre et à abandonner encore quelques postes avancés.

Le 21, l'ennemi passa l'Elbe et tenta une attaque sur la pointe de Moorwarder, à l'extrémité de l'île de Wilhelmsbourg, où nous avions établi une batterie et quelques retranchements; nos avant-postes plièrent d'abord, mais bientôt l'ennemi fut repoussé : c'était sans doute une espèce de reconnaissance qu'il avait voulu tenter.

Le 26, le poste retranché de l'église de Hamm, en avant des lignes de Saint-Georges, nous fut enlevé; nous y perdîmes 200 hommes. Il fallut se replier dans les lignes mêmes, et par suite se rapprocher davantage encore du côté de l'inondation.

Enfin l'ennemi se décida à tenter avec toutes ses forces une grande attaque, qui pouvait être décisive, sur l'île de Wilhelmsbourg.

Le 9 février, deux heures avant le jour, par un froid des plus vifs, la rivière étant glacée à plusieurs pieds de profondeur, une des colonnes ennemies traversa l'Elbe au-dessous d'Altona, aborda l'île de Neuhoff, surprit quelques postes, et, continuant sa marche, déboucha dans l'île de Wilhelmsbourg, au moulin de Reigersteig. Là, elle trouva quelque résistance de la part de nos troupes, qui bientôt, se voyant hors de toute proportion de nombre et pouvant être débordées de toutes parts, furent forcées de se replier et de céder du terrain.

Une autre colonne ennemie avait, en même temps que la première, passé l'Elbe à la pointe d'Ochsenwarder; elle aborda à Hoff, trouva peu d'opposition, et s'avança dans l'intérieur de l'île.

Ces deux colonnes s'étaient proposé pour but de se réunir sur la chaussée qui formait la communication de Hambourg avec Haarbourg, afin d'intercepter cette communication et de se maintenir définitivement dans l'île.

La première partie de ce projet était accomplie; l'ennemi, maître de l'intérieur de l'île, était à cheval sur la chaussée: seulement nos troupes étaient encore maîtresses des parties de la grande digue qui avoisinent le pont, n'ayant du reste de communication régulière avec la place que par ce même pont, qui pouvait désormais être enfilé par les feux de l'artillerie ennemie.

Pour dérober sa véritable attaque, l'ennemi avait fait des mouvements offensifs sur tout le développement de nos ouvrages et de nos lignes. Partout il montra des troupes et de l'artillerie ; il fit différentes attaques, particulièrement sur la droite de la ligne de Hamm ; il fut repoussé sur tous les points. Il fit même des démonstrations contre le camp retranché de Haarbourg. Tous ces mouvements ne pouvaient pas faire prendre le change sur le véritable point d'attaque, l'île de Wilhelmsbourg ; la tentative de l'ennemi avait eu assez de succès pour être désormais complétement dévoilée.

Etabli dans l'île même, l'ennemi avait amené plusieurs pièces de canon ; voulant profiter de ses avantages et les pousser à terme, il s'avança vers nous, et dès ce moment le combat devint très meurtrier. Un de nos bataillons, pris en flanc, fut forcé à plier ; cette circonstance occasionna un mouvement rétrograde sur presque toute la ligne. L'ennemi en profita ; ses masses se portèrent en avant sur la grande digue, que nous venions de quitter et où nous avions été obligés d'abandonner quatre pièces de canon avec leurs caissons. Elles restèrent en bataille derrière cette digue, occupant quelques maisons qui y étaient adossées, et n'ayant que des tirailleurs sur la digue même.

La situation devenait pour nous des plus critiques ; il fallait absolument débusquer l'ennemi de cette position, qui ne pouvait manquer d'entraîner la ruine prochaine de la place. A ce moment nos troupes déployèrent la plus grande vigueur ; non seulement les officiers ordinaires, mais les généraux se mirent au premier rang. Nos masses débouchèrent en colonne par le pont, sous le feu d'enfilade; pendant ce temps, deux bataillons en colonnes d'attaque, marchant sur la glace du fleuve, furent dirigés, l'un sur la droite, l'autre sur la gauche, pour menacer les flancs de l'ennemi. Les forces, qui avaient dû se retirer de l'intérieur de l'île de Wilhelmsbourg, et même abandonner la grande digue, s'étaient ralliées à 600 mètres de distance environ, derrière la petite digue d'été; quelques pièces de canon purent être mises en batterie sur cette digue et dans la redoute de Klügenfeld.

Nous reprîmes ainsi une vigoureuse offensive, qui fut secondée fort à propos par une autre colonne d'attaque, qui, débouchant du pont du côté de Haarbourg, prit tout-à-coup l'ennemi à dos.

La rapidité et la fermeté de ces mouvements forcèrent l'ennemi à se replier bien vite vers le moulin de Reigerstieg pour n'être pas pris entre deux feux et culbuté. Nous rentrâmes en possession de nos différentes positions et de nos pièces, que l'ennemi n'avait pas eu le temps d'emmener. Il essuya dans sa retraite un feu très vif qui lui tua beaucoup de monde; on le pressa sur les deux flancs, et pour ne pas être coupé, il fut obligé de repasser en toute hâte dans l'île de Neuhoff et de se retirer ensuite par l'Elbe. Ses colonnes, dans le désordre de leur retraite, se trouvèrent même à portée de nos batteries du réduit de l'Elbe et de l'ouvrage à cornes du Hornwerck (22), qui firent feu sur elles et augmentèrent la confusion.

Ainsi se termina en notre faveur cette affaire qui nous avait menacés un moment d'une perte presque certaine : l'action avait été très vive et avait duré presque toute la journée. Nous avions perdu près de 1,000 hommes tués, blessés ou faits prisonniers; plusieurs de nos généraux avaient été blessés, un colonel tué.

L'ennemi laissait sur le champ de bataille près de 1,200 hommes. Il avait emporté sur des chariots et des traîneaux la plus grande partie de ses blessés; nous avions fait peu de prisonniers. Nous nous attendions à voir cette attaque se renouveler sans relâche; car c'était celle qui présentait à l'ennemi les chances les plus favorables pour un prompt succès. Ce fut le 16 février seulement que l'ennemi renouvela sérieusement cette attaque générale : toute la ligne fut engagée, même Haarbourg. Le mouvement réel ne tarda pas à se prononcer; deux colonnes pénétrèrent encore dans l'île de Wilhelmsbourg par deux points opposés; elles s'avancèrent, comme la première fois, jusque sur la chaussée, où elles se mirent en bataille. Nos postes avaient reçu l'ordre de se replier, afin de se rallier derrière la grande digue à la tête du pont. La fusillade s'engagea; le feu de l'artillerie était très vif. L'ennemi fit d'abord quelques progrès sur notre gauche; mais bientôt il fut arrêté et perdit beaucoup de monde. Ses masses restaient toujours en position sans prendre l'offensive. Des forces assez considérables nous observaient dans l'île de Neuhoff, et paraissaient destinées à nous couper si nous marchions en avant. Dans cette incertitude des projets de l'ennemi, il était prudent de ne pas faire de faux mouvements; on resta dans cette position derrière la grande digue, jusqu'à ce qu'il se décidât à nous attaquer.

Toutes ces démonstrations n'avaient pour objet que de masquer une attaque sérieuse sur Haarbourg du côté de la rivière. L'ennemi essaya d'abord de détruire le pont; une compagnie qui le gardait à son extrémité avait été forcée à se replier; déjà quelques pilots avaient été arrachés; la flamme commençait à s'élever. Aussitôt que cette intention fut bien connue, nos colonnes d'attaque se formèrent avec promptitude, débouchèrent sans hésiter et se portèrent en avant; une autre colonne s'avança en même temps de Haarbourg; aussitôt l'ennemi fit sa retraite dans les deux directions par lesquelles il était arrivé, sans avoir obtenu aucun avantage; il fut vivement poursuivi. D'après le rapport des prisonniers, cette journée lui avait coûté 800 hommes; notre perte ne s'éleva qu'à 300 tués ou blessés.

Le dégel, qui s'était d'abord annoncé, n'avait duré que quelques jours; la gelée avait repris aussi fortement qu'auparavant. On ne pouvait donc faire aucun des travaux en terre; mais on continuait les palissadements; des parapets furent faits en fumier dans l'île de Wilhelmsbourg.

Le 24 février, trois heures avant le jour l'ennemi fit une nouvelle attaque sur la droite de notre ligne dans l'île de Wilhelmsbourg; cette fois il trouva nos postes bien décidés à lui résister; une fusillade très vive s'engagea, et malgré la supériorité des assaillants, grâce à quelques dispositions prises d'avance, nos troupes tinrent ferme et conservèrent leurs positions. L'ennemi fut forcé de se retirer dans l'île de Neuhoff; il perdit beaucoup de monde; on lui fit aussi quelques prisonniers. De notre côté nous ne perdîmes que 50 hommes. Il était à présumer que l'ennemi persistait toujours à vouloir couper notre communication avec Haarbourg.

On prit pour en assurer la défense tous les moyens que la saison pouvait permettre.

Pendant la journée du 27 on avait remarqué des colonnes filant derrière Altona et se portant dans les îles; on dut donc s'attendre à une nouvelle attaque. En effet, à onze heures du soir, l'ennemi déboucha dans l'île de Neuhoff, entra dans celle de Wilhelmsbourg, nos postes ayant reçu l'ordre de se replier; l'ennemi attaqua également Haarbourg. Déjà il s'avançait vers notre position derrière la grande digue, lorsque quelques coups de canon bien dirigés l'arrêtèrent; il prit lui-même position. On entendait le bruit de quelques voitures que l'on devait supposer être de l'artillerie; il y avait lieu de croire que l'ennemi se disposait à attaquer vivement à la pointe du jour; au contraire, il se retira, n'y ayant été nullement forcé. Son attaque directe sur Haarbourg, que sans doute il avait voulu masquer, n'avait eu aucun succès.

Pendant ce temps la maladie faisait beaucoup de ravages parmi nos troupes; les hôpitaux étaient encombrés; le typhus nous faisait éprouver de grandes pertes. Il fallait nécessairement imposer à ceux qui restaient valides un surcroît de fatigues, afin de profiter des intervalles de temps entre les attaques de l'ennemi pour continuer les travaux commencés.

Il s'agissait particulièrement de consolider la possession des deux têtes de pont et d'assurer celle de la grande digue par l'établissement de quelques batteries, crénelant les maisons qui s'y trouvaient adossées, et les entourant d'abattis pour en faire de bons postes. Il fallait encore obstruer, détruire ou encombrer les différents chemins qui pouvaient le plus facilement amener l'ennemi dans l'île; établir sur les ponts des palanques de distance en distance, afin de les mettre à l'abri de toute surprise ; fermer par des barrières les rampes de l'embarcadère, de telle sorte enfin que tout accès devînt extrêmement difficile et dangereux.

Le grand froid continuait à se maintenir, ce qui fatiguait beaucoup nos troupes ; l'Elbe et les inondations n'étant plus des obstacles, tout était plaine; l'artillerie pouvait passer presque partout ; il fallait se garder de manière à être en mesure de défense sur tous les points; heureusement le soldat était assez bien nourri, et chaque homme recevait une bouteille de vin par jour. Il est bien certain que sans ce secours, dû aux prévisions du maréchal et à ces prétendues déprédations qu'on lui a reprochées si injustement, jamais le 13e corps d'armée n'aurait pu résister aux fatigues d'une défense aussi pénible et aussi prolongée. Malgré la diminution sensible de nos forces, le maréchal persista à continuer de maintenir l'immense développement de sa défense. Qu'aurait-il fallu abandonner en effet? Haarbourg? Dès lors plus de moyens de retraite ni de secours. Nos espérances se tournaient d'ailleurs vers le dégel, qui ne pouvait manquer de se prononcer bientôt.

Le 3 mars, vers minuit, quelques petits engagements eurent lieu dans l'île de Wilhelmsbourg ; de même le 4, en avant de Haarbourg ; la ligne de Hamm fut aussi harcelée. Nous voulûmes reprendre l'offensive sous ce rapport ; le 5, on fit attaquer et repousser les avant-postes de l'ennemi sur les digues en avant de Haarbourg : nos troupes marchèrent avec beaucoup de détermination.

La batterie de Tiffentag, sur la digue de l'Elbe, était un poste très avancé, mais bien important à garder, parce qu'il protégeait l'île de Wilhelmsbourg et éclairait les mouvements de l'ennemi sur ce point. L'ennemi nous l'enleva cependant. Nos postes s'étant repliés en bon ordre, nous fîmes une nouvelle batterie en arrière de celle-là, ayant soin de l'entourer de forts abattis et de casser la glace sur l'Elbe pour protéger son flanc droit. On retrancha des maisons dans le milieu de ce qui devait être l'inondation, afin d'avoir au moins une ligne quelconque de défense de ce côté; on eut soin de la relier avec la ligne de Hamm. Tous ces postes étaient bien entourés par des abattis, et leur retraite était ménagée en cas de besoin. D'autres travaux furent également exécutés sur la ligne de Hamm.

Pour imposer à l'ennemi, on fit attaquer, le 12, à dix heures du soir, le village de Wilsdorff, situé en avant de la gauche du camp retranché de Haarbourg. Ce poste fut enlevé à la baïonnette avec la plus grande bravoure.

Le camp retranché de Haarbourg fut renforcé par des abattis très serrés, liant entre eux les différents ouvrages, et pouvant s'appuyer de droite et de gauche au fort. Plusieurs maisons de la ville furent démolies pour démasquer les fossés du rempart et mieux protéger la gauche du camp. On continua avec activité le palissadement du fort, et toujours on cassait exactement les glaces dans les fossés et avant-fossés; au moyen de ces différents travaux la position de Haarbourg devenait chaque jour plus susceptible de défense.

L'ennemi renouvela ses attaques le 18 sur la batterie de Tiffentag, que nous avions occupée de nouveau, s'en empara, et prit lui-même position sur ce point par l'érection d'une batterie en arrière.

Malgré la gelée, on continuait pourtant le palissadement dans les parties qui n'avaient pu être complétement achevées. On déblayait toutes les neiges des chemins couverts, ainsi que des parapets et banquettes de l'enceinte et de tout l'intérieur des ouvrages avancés, et les glaces étaient toujours très exactement brisées sur tout le développement des ouvrages. Il était encore de toute impossibilité de travailler aux terrassements.

Le dégel arriva enfin le 23 mars, et pour cette fois il parut tout-à-fait prononcé; peu de jours après, l'Elbe n'était plus praticable. L'ennemi ne pouvait donc plus communiquer d'une rive à l'autre; nous avions, au contraire, conservé cette possibilité tout entière. On se hâta d'en profiter pour faire des sorties du côté où l'ennemi se trouvait le plus faible, c'est-à-dire devant Haarbourg.

Dans la journée du 29, nous attaquâmes sur toute la ligne en avant du camp retranché; l'ennemi fut chassé de tous les villages qu'il occupait. Ne se croyant pas assez en force pour tenir, il chercha à se concentrer, et il prit position en arrière. Nos troupes rentrèrent le soir, ramenant avec elles beaucoup de provisions de toute espèce; elles firent aussi quelques prisonniers. On avait occupé par des troupes et de l'artillerie les différentes positions qui pouvaient protéger cette opération, observant les routes de Lunebourg et de Brémen.

Dans la même journée du 31, l'ennemi fut attaqué sur la digue de Neuland et à la batterie de Bullhusen, qu'il occupait à la droite du Hammer-Brock; nos troupes franchirent les palissades avec une rare intrépidité, et dans un instant la batterie fut enlevée. On poursuivit l'ennemi la baïonnette aux reins jusqu'au-delà du village de l'Over, et on lui tua beaucoup de monde. Cette expédition nous mit à même de faire rentrer une assez grande quantité de fourrage et quelque bétail.

Le 1ᵉʳ avril, nous nous trouvâmes maîtres de toute la digue, depuis Haarbourg jusqu'à la Seeve ; on travailla de suite à s'y retrancher. Nous ne fûmes pas aussi heureux sur la digue de Moorbourg. Les postes ennemis furent d'abord repoussés avec beaucoup de vigueur ; mais ensuite nos troupes se trouvèrent arrêtées par un ouvrage bien palissadé, protégé par des abattis et entouré d'eau de tous côtés. Ne consultant que leur courage, elles voulurent franchir tous ces obstacles ; mais il y avait impossibilité ; elles durent se retirer avec des pertes sensibles. En revanche, l'ennemi ayant attaqué dans la nuit du 3 au 4 avec deux bataillons, dont l'un portait des fascines pour combler les fossés, notre batterie sur la Seeve, qui avait été promptement retranchée, on le laissa s'approcher jusque sur les abattis, et là il fut accueilli par une fusillade des plus vives et par plusieurs coups de canon à mitraille qui le forcèrent à se retirer dans le plus grand désordre, laissant sur place 40 morts et l'officier commandant.

En même temps que nous reprenions l'offensive sur tous les points où cela était possible, les travaux, grâce au dégel, recommencèrent partout avec la plus grande activité. On s'occupa particulièrement de parachever tous les ouvrages commencés qui n'avaient pas pu être continués pendant l'hiver, et de compléter partout le palissadement. Désormais notre position n'offrait plus rien d'inquiétant ; l'eau nous couvrait de toutes parts de sa barrière rassurante ; nos troupes prenaient du repos, le nombre des malades diminuait ;

l'ennemi ne pouvait pas nous empêcher d'exécuter les travaux qui nous restaient à faire ; la place était, pour ainsi dire, rajeunie, bien plus capable qu'au commencement du blocus de soutenir une attaque régulière ; l'ennemi ne nous avait pas enlevé un seul ouvrage avancé. Nous avions trouvé le moyen de perfectionner tous nos premiers travaux sous son feu ; nos approvisionnements étaient encore considérables ; certes la place de Hambourg pouvait alors soutenir un siége long et honorable pour ses défenseurs.

Cependant les rumeurs les plus sinistres commençaient à circuler ; il devenait difficile de maintenir une population nombreuse encore, qui n'avait pu manquer de les accueillir avec les transports qu'inspire une prochaine délivrance.

Le prince d'Eckmühl ne pouvait plus se dissimuler à lui-même toute la gravité et la certitude des malheureux événements de France. Des pourparlers furent entamés pour la cessation des hostilités : cependant le 29 avril il y eut encore une attaque contre Haarbourg au moyen de chaloupes-canonnières qui cherchèrent à prendre ses défenses à revers. Le feu de riposte fut très vif et bien dirigé ; une chaloupe fut coulée, d'autres fortement endommagées. Cette dernière attaque cessa.

Enfin, le 29 avril, le maréchal fit connaître à l'armée les changements qu'avait subis le gouvernement de France et les instructions de ce nouveau gouvernement par rapport à Hambourg ; ces instructions furent exécutées silencieusement, mais sous l'impression d'un profond désespoir.

Le 13ᵉ corps d'armée reprit sa marche vers la France

un mois après seulement, sur quatre colonnes ; il était encore composé de 22,000 hommes. Sa route avait été tracée de manière à ne pas rencontrer les cantonnements des armées alliées ; sage précaution, car une collision pouvait encore être terrible : le 13ᵉ corps, tout composé de soldats aguerris, ramenait avec lui cent bouches à feu attelées, avec leurs caissons approvisionnés.

Ainsi se termina la défense de Hambourg, qui semble devoir compter parmi les faits glorieux de notre époque militaire.

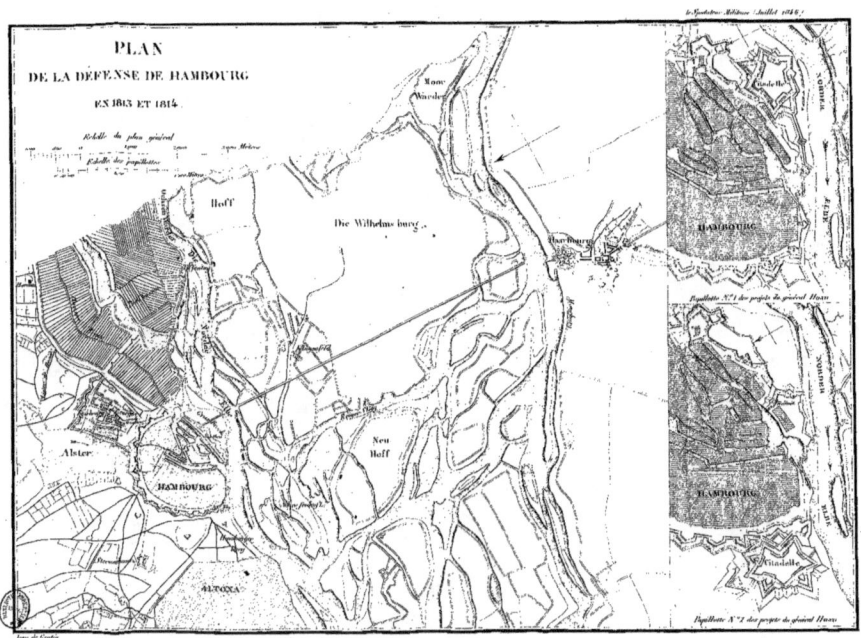

www.ingramcontent.com/pod-product-compliance
Lightning Source LLC
LaVergne TN
LVHW021700080426
835510LV00011B/1504